AF466737

GÉNÉRAL L. DE BEYLIÉ

LES RUINES D'ANGKOR

NOTICE ILLUSTRÉE DE 16 GRAVURES

PARIS
ERNEST LEROUX, ÉDITEUR
28, Rue Bonaparte, 28

1909

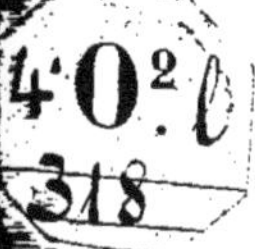

LES

RUINES D'ANGKOR

EXCURSION AUX RUINES D'ANGKOR

CONDITIONS SPÉCIALES

(Saison d'hiver Août 1909-Janvier 1910)

AVIS. — En combinant les deux itinéraires ci-dessous, les voyageurs peuvent consacrer à la visite des célèbres et splendides *RUINES D'ANGKOR* deux, quatre, six ou neuf jours...

> ***NOTA.* — Cette notice est offerte à titre gracieux, par l'auteur, à tous les visiteurs d'Angkor pendant la saison 1909-1910.**

Saigon à Angkor et retour, leur séjour à l'*HOTEL DES ROIS KHMERS* et la visite des ruines avec un guide.

ADVICE. — Travellers may combine the following time tables for visiting the most beautiful and glorious *RUINS OF ANGKOR* (Angkor Vat, Bayon, B... Phi...makas, etc.), in order to ...x or nine days.

... AS BELOW

...t Angkor.

»

»

»

...steamers from Saigon to ...ling and lodging at the *HOTEL DES ROIS KHMERS* and visit to the ruins by carriage or at horseback.

A guide is attached to travellers.

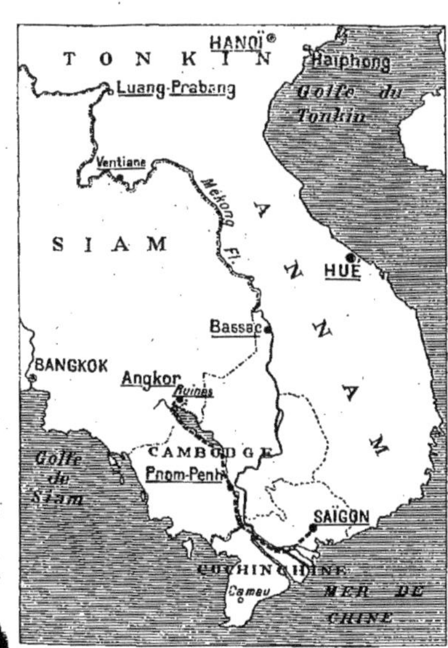

ITINÉRAIRES

1er Itinéraire.

SAIGON	*départ :* Jeudi soir.
PHNOM-PENH	*arrivée :* Samedi matin. *départ :* Dimanche matin.
ANGKOR	*arrivée :* Lundi matin. *départ :* Mercredi.
SAIGON	*arrivée :* Vendredi matin.

2e Itinéraire.

SAIGON	*départ :* Mardi soir.
PHNOM-PENH	*arrivée :* Jeudi matin. *départ :* Jeudi après-midi.
ANGKOR	*arrivée :* Vendredi après-midi. *départ :* Dimanche après-midi.
SAIGON	*arrivée :* Mardi matin.

En Octobre, grandes fêtes à l'occasion du pèlerinage cambodgien au sanctuaire d'*ANGKOR VAT*.

(Pour la date exacte s'adresser à la Compagnie des Messageries Fluviales à SAIGON.)

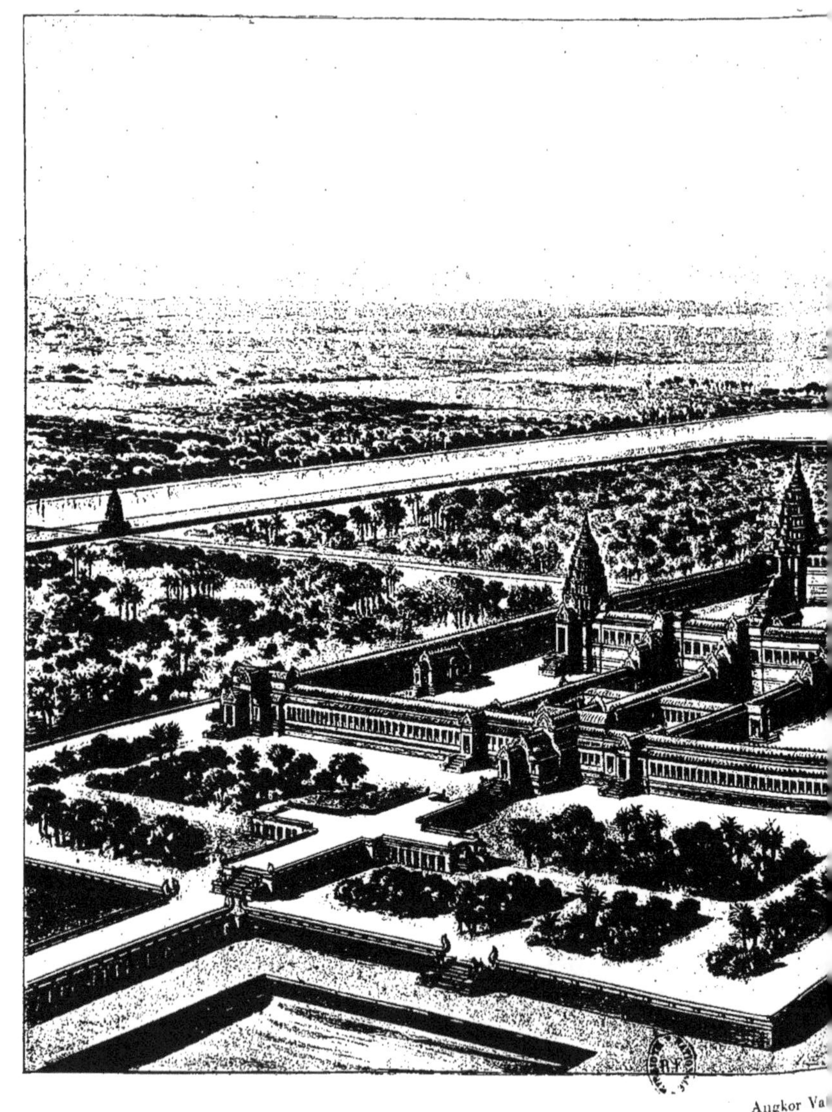

Angkor Va

Vue cavalière exécutée sur l

7

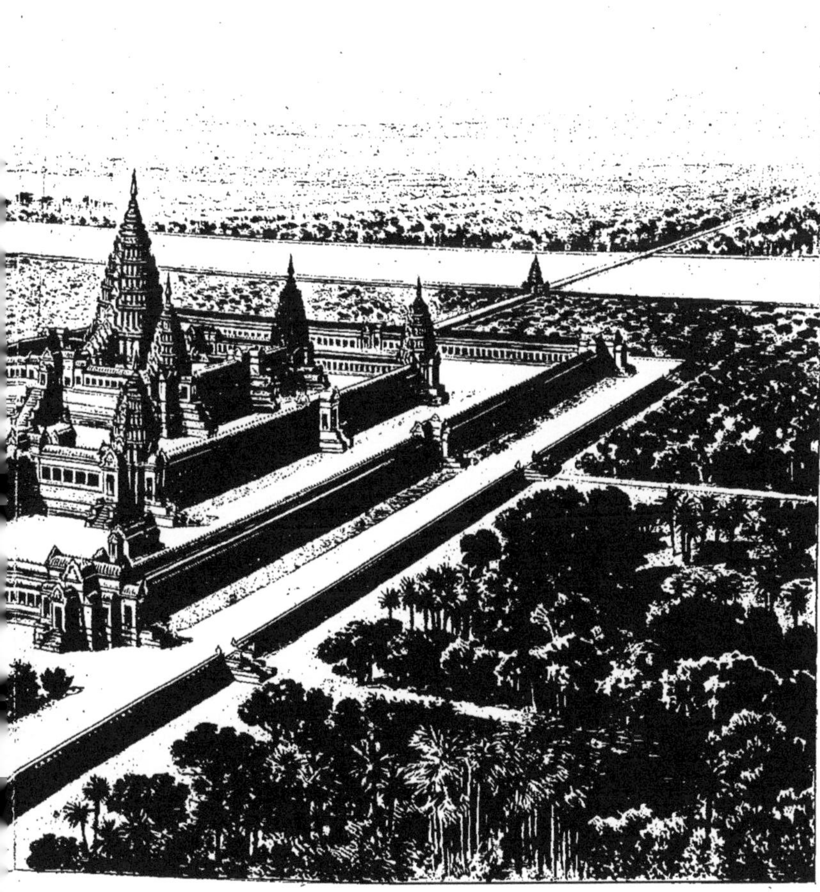

xiie siècle).
s indications de M. Delaporte.

GÉNÉRAL L. DE BEYLIÉ

LES
RUINES D'ANGKOR

NOTICE ILLUSTRÉE DE 16 GRAVURES

PARIS
ERNEST LEROUX, ÉDITEUR
28, Rue Bonaparte, 28

1909

A MONSIEUR KLOBUKOWSKI

GOUVERNEUR GÉNÉRAL DE L'INDOCHINE FRANÇAISE

DONT L'INITIATIVE ÉCLAIRÉE A PERMIS D'OUVRIR DÉFINITIVEMENT, EN 1909,
AUX SAVANTS, AUX ARTISTES ET AUX VOYAGEURS,
DES VOIES D'ACCÈS PRATIQUES VERS LES CÉLÈBRES RUINES D'ANGKOR,

J'ADRESSE L'HOMMAGE DE CE PETIT LIVRE.

GÉNÉRAL DE BEYLIÉ.

LES RUINES D'ANGKOR

I

HISTOIRE ANCIENNE DU CAMBODGE

Il ne semble pas que les peuples de l'Indochine, exception faite du Tonkin et de la Birmanie, aient reçu la civilisation longtemps avant le IIe siècle de notre ère. Les Annales chinoises signalent à cette époque l'existence du royaume de Fou-Nan, d'une part, dont les limites très variables comprenaient le Siam actuel, le Cambodge et la Cochinchine, avec une partie de la presqu'île de Malacca et probablement une partie du Pégou, et, d'autre part, le Lin-yi ou royaume de Champa, qui comprenait l'Annam actuel jusqu'au Tonkin.

Toutes ces populations étaient à peu près de même race et provenaient probablement, sans qu'on puisse leur assigner d'origine précise, des parties centrales de l'Asie. Les classes dirigeantes, en revanche, étaient en majorité Hindoues et provenaient de la côte orientale de l'Inde (Madras et côte d'Orissa), autant du moins qu'on en peut juger par le style des monuments et par les alphabets anciennement en usage dans ces deux pays.

Les seuls renseignements que nous possédions, jusqu'au VIe siècle de notre ère, sur le Fou-Nan dont faisait partie le pays khmèr (Cambodge), nous sont parvenus par les récits des Chinois.

Au IIe siècle de notre ère, un certain Houen-Tien, probablement hindou, venu du Sud, débarqua au Fou-Nan après un combat naval heureux, s'empara du pouvoir, épousa la reine, et tout en agrandissant ses nouveaux états, fit œuvre de législateur et de civilisateur dans le sens hindou.

Au IIIe siècle, il y a déjà échange d'ambassadeurs entre le roi du Fou-Nan et le roi des Murundas, qui régnait sur le Gange. Des ambassadeurs chinois rencontrent, à la cour de Fou-Nan, l'ambassadeur indien.

Au IVe siècle, le brahmane Kaundinya arrive des Indes en réformateur de la religion et des mœurs.

Au VIe siècle, les stèles gravées viennent en aide à l'histoire et complètent les Annales et les rapports des ambassades chinoises qui étaient jusqu'alors nos seuls documents. Un certain Bhavavarman, seigneur de la principauté khmère de Çambhupura (Sambor, sur le Mékhong), vassal de la maison royale de Vyâdhapura (Angkor-Borei, au Nord de Chaudoc), se révolte, chasse ses anciens maîtres et crée le royaume du Cambodge. La dynastie de Kaundinya et le royaume de Fou-Nan disparaissent définitivement.

La langue officielle et religieuse était le sanskrit; la religion officielle était le brahmanisme çivaite et vichnouite.

La chronologie des rois khmèrs nous est connue désormais par les stèles, jusqu'au XIIIe siècle, époque de la décadence de la race et de l'invasion du pays par les Thai (Siamois) venus des plateaux du Yunnan et du Setchouen.

Cette période de huit siècles, du VIe au XIIIe siècle, est remplie par les alliances et les guerres, généralement heureuses, avec le royaume voisin, le Champa. C'est aussi l'époque des grandes constructions de temples et de palais, qui épuisèrent le pays malgré sa prodigieuse richesse, célèbre dans tout l'Extrême-Orient.

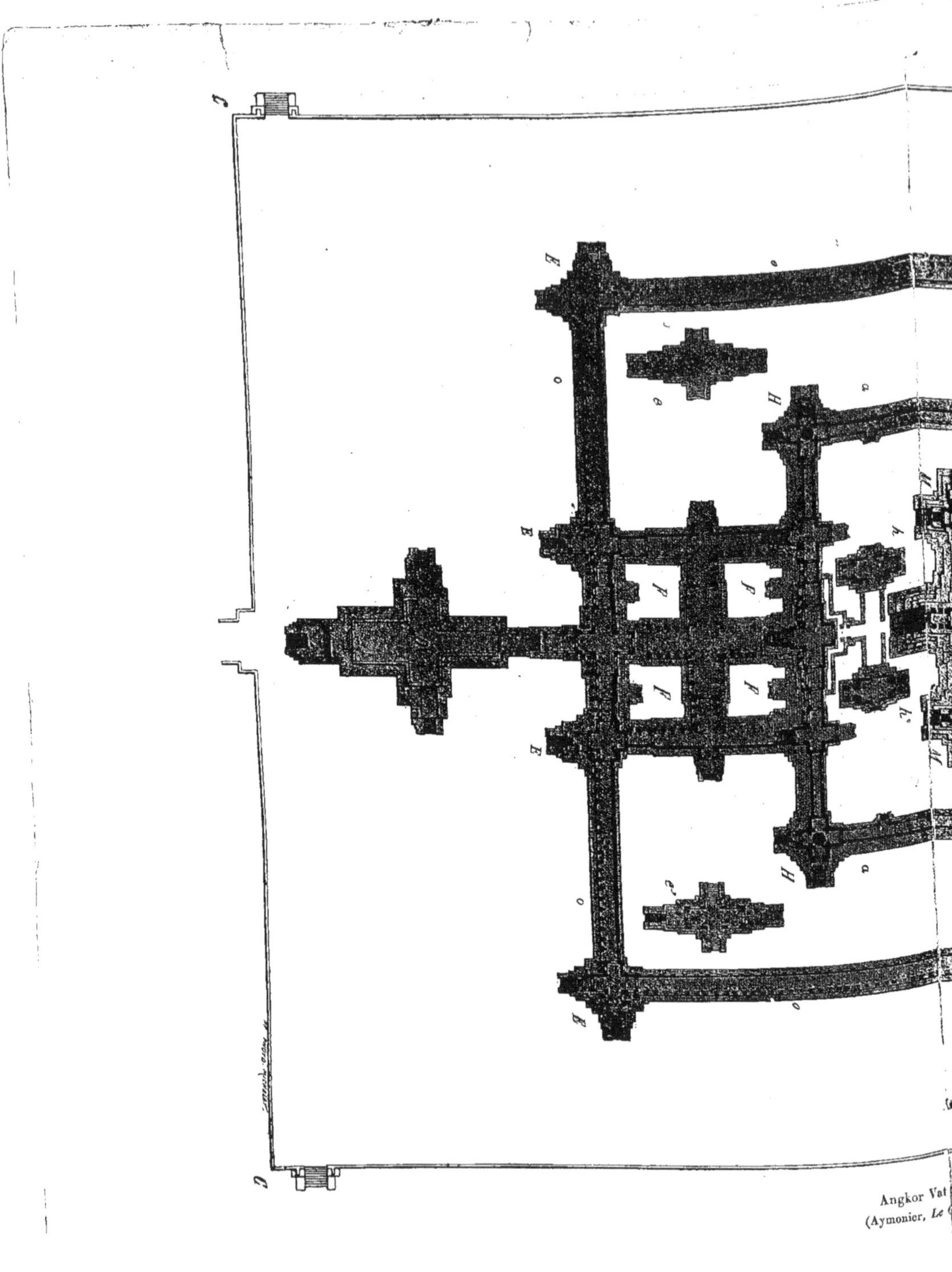

Angkor Vat
(Aymonier, *Le*

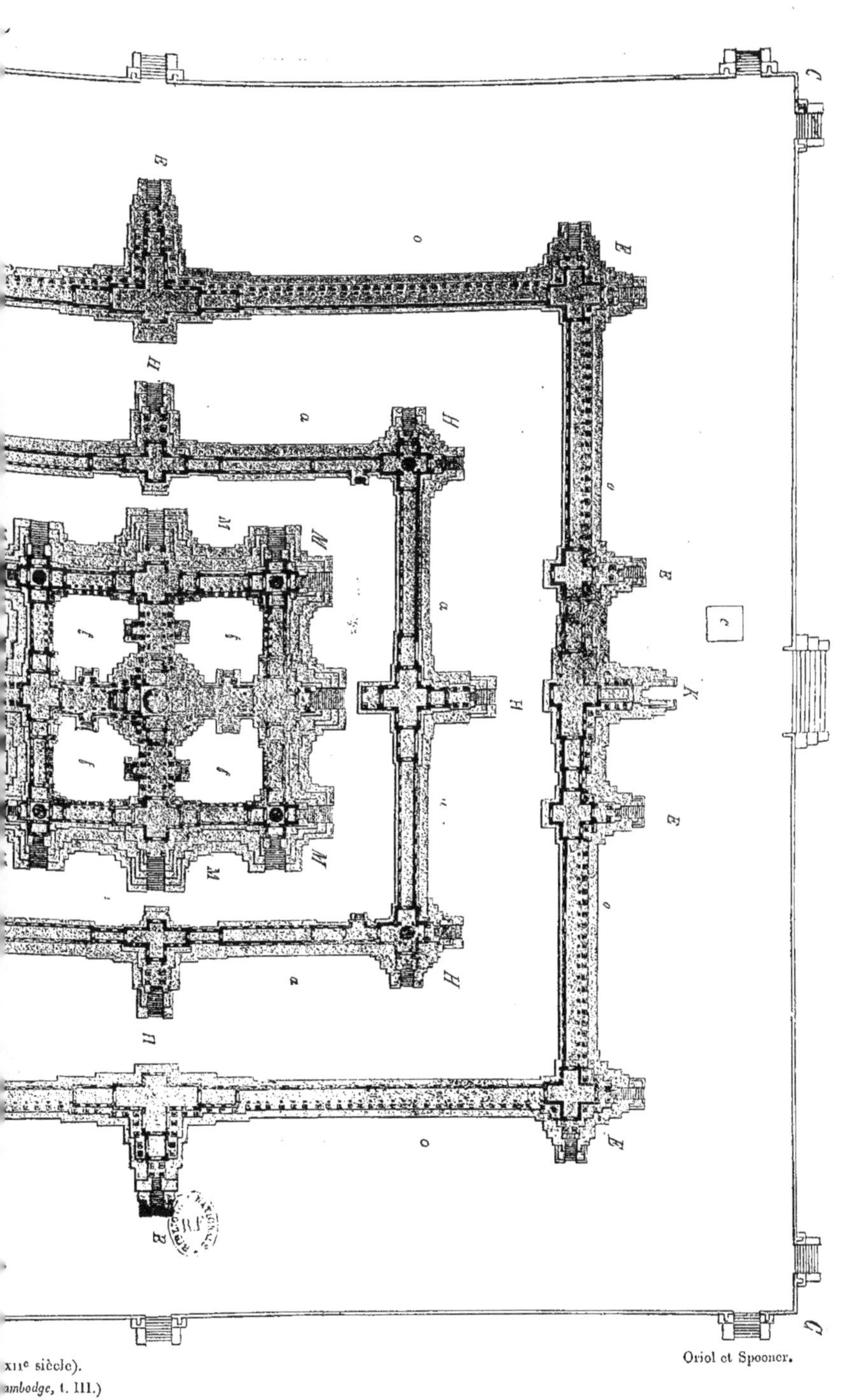

xIIe siècle).
ambodge, t. III.)

Oriol et Spooner.

Le royaume à son apogée comprenait, croyons-nous, avec le Cambodge, la Cochinchine, le Laos jusqu'à Vieng Chan et une partie du Siam actuel. Le Nord de la Péninsule malaise (Sud du Siam), le Pégou (le Martaban, le Tavoy et le Tenasserim) faisaient probablement partie de sa zone immédiate d'influence. La capitale correspondant à cette ère de prospérité fut, à partir du xe siècle, Angkor Thom.

L'invasion thaï, dans la vallée du Ménam, au xiiie siècle, réduisit l'empire de moitié et sépara du Cambodge les Pégouans qui parlaient une langue étroitement apparentée au khmèr ; mais déjà, depuis le xie siècle, le contact avec le Pégou avait été singulièrement amoindri par suite de la conquête de ce dernier pays par les Birmans.

Du xiiie au xive siècle, époque de troubles, de révolutions et de luttes désastreuses avec le Siam, l'histoire reste muette, pour reprendre ensuite, jusqu'à nos jours, grâce aux Annales royales cambodgiennes qui n'ont été constituées, à vrai dire, qu'à la fin du xviiie siècle, exactement de 1794 à 1797, à l'aide de traditions et d'archives ayant plus ou moins de valeur.

Les rois de ce malheureux pays abandonnèrent la capitale historique d'Angkor Thom dès le xve siècle, après sa prise par les Siamois en 1462, et furent réduits à occuper successivement Lovek, Oudong et enfin Phnom Penh, capitale actuelle.

Le royaume était sur le point de disparaître sous les coups répétés du Siam à l'Ouest, et des Annamites à l'Est, lorsque notre intervention en 1863 plaça le Cambodge sous notre protectorat et sauva son existence. Les provinces de Battambang et d'Angkor (Siemreap) n'ont été rendues au Cambodge, par le Siam, qu'en 1907.

L'histoire du grand art monumental hindou-khmèr n'en avait pas moins pris fin dès le xive siècle, faute de ressources et faute de bras, et avait cédé la place à l'art actuel, fortement imprégné d'art chinois, lequel existait déjà depuis longtemps, mais n'était employé que dans les constructions légères. Enfin le brahmanisme, qui avait été longtemps la religion officielle, avait dû céder la place au bouddhisme, du rite de Ceylan, c'est-à-dire du Petit Véhicule. Le pâli avait remplacé le sanscrit comme langue religieuse.

II

LES ANCIENS MONUMENTS DU CAMBODGE LES RUINES D'ANGKOR

Il existe de nombreux monuments anciens au Cambodge, mais aucun d'eux n'est antérieur au VIe siècle de notre ère. Les plus beaux monuments appartiennent à la période comprise entre les IXe et XIIIe siècles.

Ils sont tous de style hindou, spécialement des styles de la côte orientale de l'Inde, mais ils comportent de telles modifications de détail, et même parfois de principe, qu'ils constituent bien un style particulier auquel on a donné, à tort selon nous, le nom de style khmèr, du nom de la peuplade indigène dont les chefs ont conquis le pouvoir au VIe siècle. Il serait préférable, de l'avis de beaucoup d'indianistes, de dire simplement *style cambodgien*.

Certains monuments du Cambodge, et surtout les monuments à enceintes concentriques avec tours pyramidales (gopura), semblent avoir été inspirés, en partie, par les temples de Tanjore, du Sud de l'Inde, lesquels datent du Xe siècle de notre ère.

Le nombre des anciens palais et temples répandus à l'état de ruines, encore très visibles, sur toute la surface de l'ancien Cambodge, est trop considérable pour que je puisse en donner une liste même sommaire. Il y en a près d'un millier.

Je ne citerai, dans cette courte notice, que le temple de Beng Mealea (IXe siècle) qui se trouve sur la route d'Angkor à Kompong Thom, dans la zone parcourue habituellement par les touristes (fig. 1). Le Bayon (Xe siècle) avec ses curieuses tours à quadruples têtes de Brahma (fig. 2, 3, 4); le Phimeanakas (Xe siècle) (fig. 5 et 6) avec ses niches à ogives pré-gothiques (ces deux derniers édifices sont compris dans l'enceinte de la ville d'Angkor Thom),

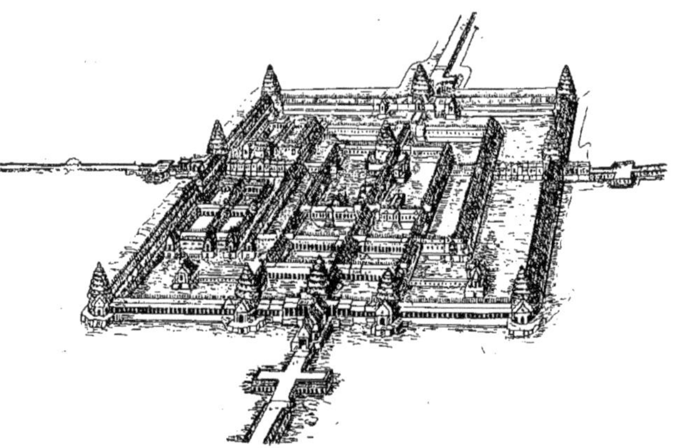

Fig. 1. — Temple ou palais de Beng Mealea (IXe siècle). (Restitution de M. Delaporte.)

et enfin le célèbre temple ou palais d'Angkor Vat, le joyau de toute l'Indochine (fig. 7, 8, 9, 10, 11, 12).

Pour les autres monuments situés soit dans la ville d'Angkor, soit dans sa banlieue, il conviendra de consulter, en dehors de l'inventaire spécial et purement scientifique de M. le commandant de Lajonquière, le guide illustré, actuellement sous presse, de M. J. Commaille, le savant et aimable conservateur des ruines d'Angkor.

La ville d'Angkor Thom, ancienne capitale du Cambodge, a été

Fig. 2. — Un pavillon du Bayon (IXe siècle). (Musée khmèr du Trocadéro.)

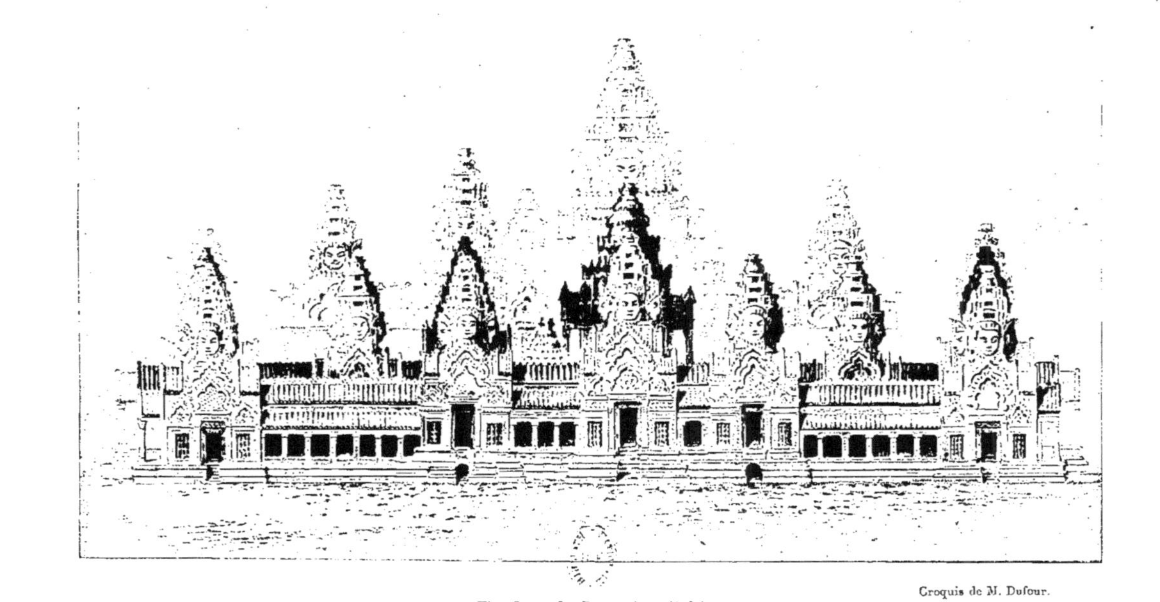

Croquis de M. Dufour.

Fig. 3. — Le Bayon (IXᵉ siècle).

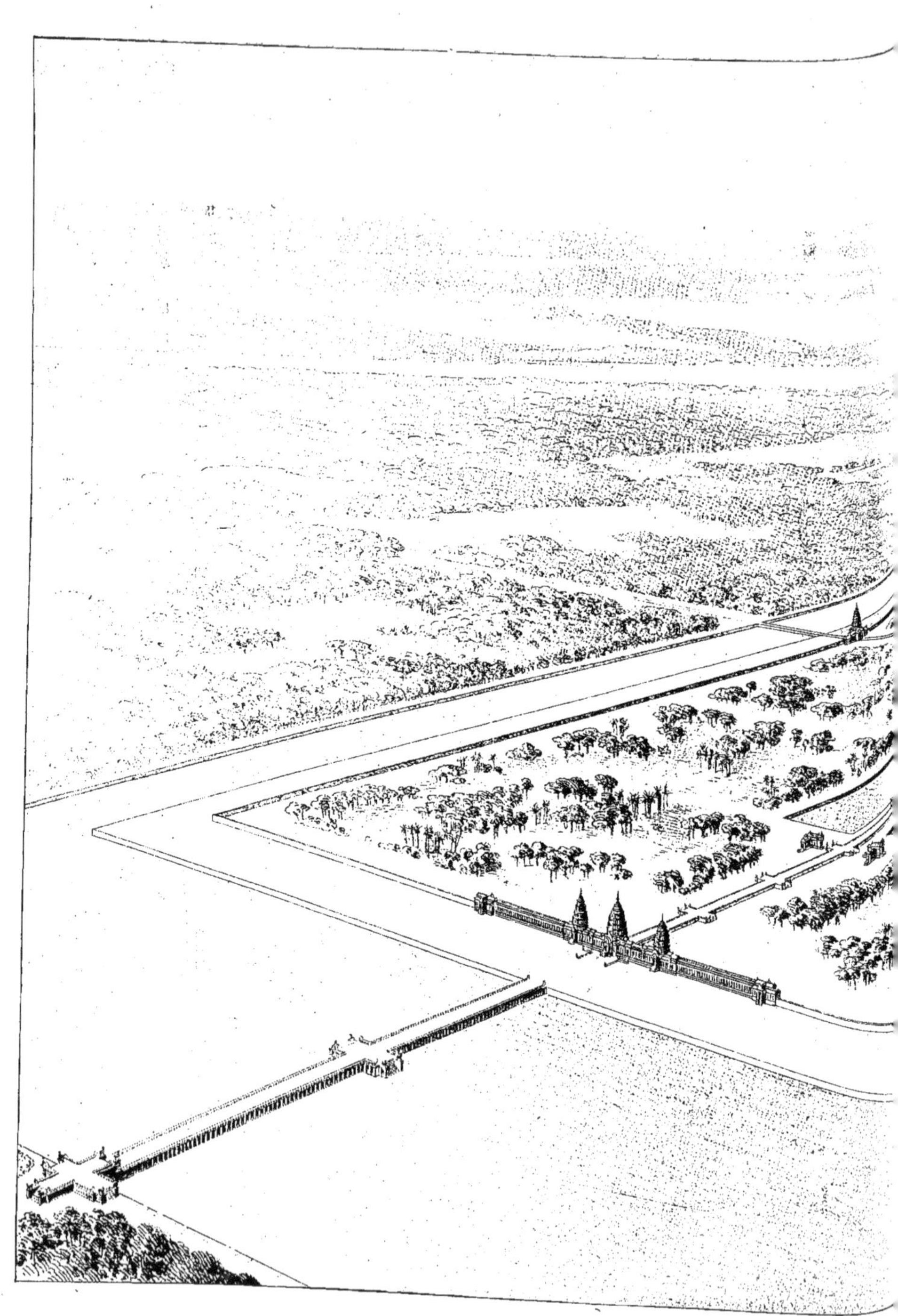

Angkor Vat (XIIe siècle). Vue cavalière

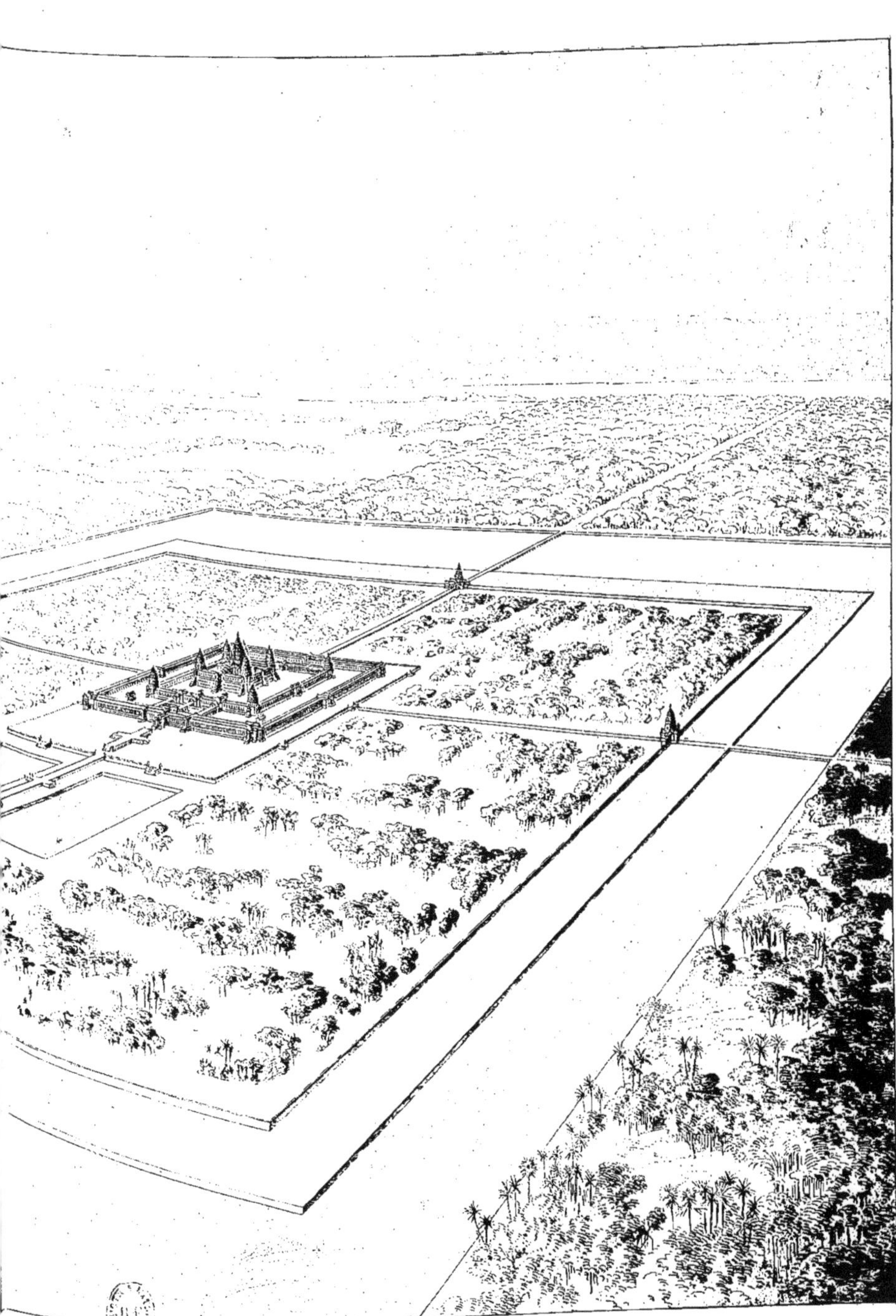

Temple et de l'enceinte extérieure.

Fig. 4. — Plan du Bayon (ixe siècle), par M. Delaporte.
(Bibliothèque du Musée khmèr du Trocadéro.)

fondée au xe siècle, elle a été prise au xve (1462) par les Siamois, et totalement abandonnée à partir de cette date par les Cambodgiens. Elle a conservé en partie ses fortifications, ses portes et ses avenues, mais les habitations, construites avec des matériaux légers, comme il est d'usage dans toutes les villes d'Extrême-Orient, ont totalement disparu.

Fig. 5. — Phimeanakas (xe siècle).

Le célèble temple ou palais d'Angkor Vat, situé à 1500 mètres au Sud de la ville, a été construit pendant les xiie et xiiie siècles, à la même époque par conséquent que Notre-Dame de Paris. Il a d'abord été consacré au culte brahmanique puis, à partir du xive siècle, au culte bouddhique.

J'ai donné très intentionnellement la reproduction de deux bas-reliefs de la grande galerie d'Angkor Vat[1] (fig. 11 et 12) où l'on

1. La grande galerie de l'enceinte extérieure d'Angkor Vat est couverte de bas-reliefs représentant des combats, des défilés de princes et de guerriers, les supplices de l'enfer, le barattement de la mer, etc. La surface totale est de 1225 mètres sur 2 mètres de hauteur. J'ai fait reproduire tous ces bas-reliefs par la photographie. Ils seront publiés ultérieurement.

Fig. 6. — Niches ogivales, Phimeana kas (xe siècle).
(Fournereau, *Ruines khmères.*)

distingue des kiosques avec crochets à la chinoise. On trouve également de ces crochets dans les bas-reliefs du Bayon (xe siècle), dans ceux de Pagan, en Birmanie[1] (xie siècle), dans la pagode à étages figurée sur la plaque de Sohgaura, dans l'Inde (250 ans avant J.-C.) et signalée par S. Lévi (*Népal,* II, 11). Quant à la Chine, on

Fig. 7. — Angkor Vat. 3e enceinte et partie de la 2e enceinte.
(Cliché Nagadelle, chez Planté, photographe à Saïgon.)

n'y trouve ces crochets qu'au ve siècle de notre ère. Des bas-reliefs chinois du iie siècle, publiés par M. Chavannes[2] représentent des toits chinois sans crochets. Donc, d'après les seuls documents connus jusqu'à ce jour, il semble que les toits dits à la chinoise soient originaires de l'Inde ou tout au moins du Népal.

Les crochets proprement dits qui, dans l'Inde, ont orné de tout temps la retombée des arcs, depuis le iiie siècle avant notre ère

1. Général de Beylié, *L'Architecture Hindoue en Extrême-Orient,* p. 38 et 269.
2. Chavannes, *La sculpture sur pierre en Chine.*

jusqu'à nos jours, ne sont que la stylisation à divers degrés de têtes de monstres de la mythologie hindoue.

Mais, dira-t-on, la Chine ne possède donc pas de palais ou de temples antérieurs à notre ère?

Hélas! non. Sauf la Grande Muraille, qui est du IIIe siècle

Fig. 8. — Angkor Vat. 2e et 3e enceintes.
(Cliché Nagadelle, chez Planté, photographe à Saïgon.)

avant J.-C., il n'existe aucun monument chinois antérieur au XIe siècle de notre ère. Les ouvrages chinois qui donnent des spécimens d'anciens édifices sont des réédition faites au goût du jour. Tous les monuments de l'antiquité, temples et palais, ont disparu parce qu'ils étaient construits en matériaux trop légers : briques et bois.

Lorsque l'Inde a apporté le Bouddhisme à la Chine, à partir du Ier siècle de notre ère, elle a donné également à ce pays certaines formes antérieures de son art religieux. C'est au point que les statues du Bouddha, chinoises et japonaises, ont conservé longtemps et conservent encore souvent, non seulement le costume, mais encore le style hindou.

Cela ne veut pas dire cependant que les religions et les arts de l'Inde remontent à une bien haute antiquité. Les fameux Aryens, que les théosophes nous représentent comme les détenteurs aux Indes des secrets de la création et des premières révélations, étaient

Fig. 9. — Angkor Vat. Galeries croisées du 1er étage.
(Cliché Nagadelle, chez Planté à Saïgon.)

originaires, suivant toutes probabilités, non pas des plateaux du Pamir, qui ont toujours été inhabitables, mais de l'Europe centrale. Il n'est question d'eux dans l'histoire que vers le VIIIe siècle avant J.-C., sur le haut Euphrate[1], et il n'est pas certain qu'ils aient connu l'écriture avant l'apparition d'Alexandre le Grand dans le bassin de

1. Voir à ce sujet : Salomon Reinach, *L'Origine des Aryens*. — Zaborowski, *Les peuples Aryens d'Asie et d'Europe*.

l'Indus. Il n'existe dans l'Inde aucune écriture antérieure au IIIe siècle avant J.-C. Le prototype des alphabets indiens et indochinois date de cette époque. Nous ajouterons qu'il n'existe non plus aux Indes aucun monument antérieur au IIIe siècle avant notre ère.

Mais revenons à Angkor Vat.

Fig. 10. — Angkor Vat. Un édicule de la chaussée.
(Cliché Nagadelle, chez Planté à Saïgon.)

D'après les légendes locales et celles de la cour royale de Phnom Penh, Angkor Vat aurait été tout d'abord un palais, mais aucune inscription n'est venue confirmer cette tradition. Il est possible toutefois que certaines parties du temple aient servi passagèrement d'habitation royale.

Je ne ferai pas la description des ruines d'Angkor Vat. Les vues que j'en donne ici vaudront mieux que de longs discours.

Fig. 11. — Angkor Vat (XIIe siècle). Kiosque avec crochets à la chinoise (Musée khmer du Trocadéro).

On a souvent cherché à comparer les ruines de Boro-Boudour, de Java (IXe siècle de notre ère) à celles d'Angkor Vat. La compa-

Fig. 12. — Angkor Vat (XIIe siècle). Pavillon d'un palais. Crochets à la chinoise. Musée khmer du Trocadéro.

raison est oiseuse, car les deux édifices n'ont aucun rapport dans leur forme générale.

Boro-Boudour est une pyramide de pierre, d'aspect grisâtre,

formée d'une succession de terrasses à bas-reliefs. Sa base est un carré de 111 mètres de côté; la hauteur de la pyramide, ou plus exactement du stûpa, — car, ainsi que l'a démontré M. Foucher[1], cette pyramide est un stûpa à reliques, — a 35 mètres de hauteur. L'effet du monument est assez médiocre (fig. 13). Pour l'apprécier il faut l'examiner en détail.

Angkor Vat, en pierre également, se compose d'une série d'enceintes rectangulaires et concentriques ornées de tours. L'enceinte extérieure a 187 mètres sur 215 mètres. La tour centrale a 57 mètres d'élévation. L'impression que produit cet admirable édifice est puissante et ineffaçable.

Il est juste de dire, toutefois, que les sculptures de Boro-Boudour sont franchement supérieures comme facture à celles d'Angkor Vat.

Nota. — Les travaux entrepris cette année par ordre de M. Klobukowski, gouverneur général de l'Indochine, et qui devront prendre fin à l'automne, permettront d'atteindre désormais Angkor Vat en toute saison, soit par terre, soit par eau. La meilleure saison, pour aller de Saïgon à Angkor par eau, sur les chaloupes régulières des Messageries fluviales de Cochinchine, commence en septembre et finit en février.

Il faut compter une quinzaine de jours pour le voyage complet, aller et retour.

Un bungalow confortable contenant 10 chambres, 14 lits, un salon et une vaste salle à manger, vient d'être construit à l'entrée d'Angkor Vat[2].

1. A. Foucher, *Notes d'archéologie bouddhique* (Bulletin de l'École française d'Extrême-Orient, t. IX, p. 1 et suiv.).

2. Sans compter l'ancienne sâlâ qui peut abriter également un certain nombre de voyageurs.

Fig. 13. — Boro Boudour (860 A. D.).

Les voyageurs de passage à Saïgon, qui n'auront pas le temps de se rendre à Angkor, pourront visiter avec profit le musée de la Société des études indochinoises, à Saïgon, rue d'Espagne, et la bibliothèque.

Une salle du rez-de-chaussée et une galerie contiennent une série intéressante de moulages, de bas-reliefs et de statues des styles cambodgien et cham, provenant des principaux monuments de l'Indochine.

Saïgon, le 27 mai 1909.

Général de BEYLIÉ.

CHARTRES. — IMPRIMERIE DURAND, RUE FULBERT.

www.ingramcontent.com/pod-product-compliance
Ingram Content Group UK Ltd.
Pitfield, Milton Keynes, MK11 3LW, UK
UKHW020409220726
13923UKWH00004B/1840